Die andere Seite

Autorengruppe Zweibrücken

Die andere Seite

Bibliografische Informationen der deutschen Nationalbibliothek

Die Deutsche Nationalbibliothek verzeichnet diese Publikation

in der Deutschen Nationalbibliografie, detaillierte bibliografische

Daten sind im Internet über http://dnb.dnb.de abrufbar.

2. Auflage

© 2016 Autorengruppe Zweibrücken

Herstellung und Verlag

BoD-Books on Demand, Norderstedt

ISBN 978-3-8391-2583-0

Vorwort

„Alles hat seine zwei Seiten", heißt es, doch um klarzukommen, richten wir uns gerne auf „unserer" Seite ein, gaukeln uns ein festes Gefüge der Dinge vor.

Das geht bei nachdenklichen Menschen nicht lange gut. Die „andere Seite" fordert ihr Recht.

So hat sich die Autorengruppe das Ziel gesetzt, Lebenswirklichkeit aus verschiedenen Perspektiven zu betrachten, denn „von allem ist auch das „Gegenteil wahr" wie Luise Rinser sagt in „Mitte des Lebens". Ein irritierender Satz, doch mit der richtigen Argumentationskette kann man alles rechtfertigen.

Also konfrontieren wir Sie in unserem Buch mit dem „einerseits – andererseits" mit Vertrautem und Fremdem, dem Innen und Außen, mit Träumen und Wachen, Leben und Tod, da jede Seite erst ihre Berechtigung erhält vor dem Hintergrund der anderen.

Für alle Positionen ist Platz in unseren Köpfen, manchmal sogar gleichzeitig, was durchaus zu Dilemmata führen kann. Das wird anstrengend. Machen Sie sich gefasst auf erfrischende Wechselbäder.

Für die Autorengruppe
April 2016
Barbara Franke

Inhaltsverzeichnis

Konrad Barner

Die andere Seite

Der Tod rückt an, wir suchen das Weite,
doch jeder muss auf die andere Seite.
Wir sitzen alle im selben Boot –
das letzte Boot in dem wir fahren.
Kein Gott kann uns davor bewahren.

Die andere Seite ist der Strand.
Dort sind wir weiter nichts als Sand,
ein leichtes Spiel der Wellen.
Hier wird das morsche Boot zerschellen.
Im Bild hab' ich's vorweggenommen,
so oder anders wird es kommen.

Konrad Barner

Andrerseits
Ein Jux-Gedicht

Einerseits sind Frauen klug,
andrerseits auch dumm genug,
sich auf Männer einzulassen.
Es ist einfach nicht zu fassen.

Einerseits sind Männer „Schweine",
andrerseits gibt es auch Feine,
welche Frauen hoch verehren.
Die nur sollten sich vermehren.

Einerseits sind Kinder lieb,
andrerseits der böse Trieb,
der sie Tag und Nacht begleitet.
Leider ist er weit verbreitet.

Einerseits die „Stadt am Wasser",
andrerseits ist es noch krasser,
wenn man dafür Bäume fällt.
Und wie steht es mit dem Geld?

Fische haben's schwer als
Schwimmer,
andrerseits kommt es noch schlimmer,
wenn sie über Treppen schwimmen.
Irgendwas kann da nicht stimmen.

Fazit:
Einerseits und andrerseits,
beides hat je seinen Reiz.

Barbara Franke

Weiße Tage

Über ihm nur weiß. Nichts, woran sich das Auge festhalten kann. Weiß, weiß, alles weiß – auch die Zeltwand gegenüber. Man hat die Planen am Ein- und Ausgang geöffnet. Ein leichter Luftzug bewegt das Weiß über ihm, lässt die Hitze erträglicher werden.

Tun kann er nichts.

Sahib wartet. Wie lange schon? Eine Ewigkeit ist es her, seit er aufbrach von zuhause. „Zuhause", das Wort zerbröselt ihm, passt nicht mehr zu dem, was es einst vorgab zu benennen: ein Haus, ein Vater, eine Mutter, eine kleine Schwester.

Schreien könnte er vor Schmerz. Doch Schreien kostet Kraft. Das Zurückhalten der Tränen kostet Kraft. Die Bilder in seinem Kopf – er verjagt sie, flüchtet sich in das Weiß, verliert sich im Weiß.

Neben ihm auf dem Feldbett ein anderer. Seit wann? War er auch auf dem Rettungsboot? Die Narbe am Kinn. Sahib glaubt, sie wiederzuerkennen. Beim hastigen Trinken hatte sie sich auf und ab bewegt. Beim Trinken aus der Wasserflasche des kleinen Mädchens, das für einen Moment die Augen geschlossen hatte. Die Flasche war ihr entglitten.

Die müden Händchen hatten sie nicht mehr halten wollen. Stundenlang danach das Jammern nach Wasser bis es erstarb. Weggeschaut hatte der mit der Narbe. Weggehört.

Sahib dreht ihm den Rücken zu. Den will er von sich fernhalten. Abdul hat ihn einer genannt – vorhin im Vorübergehen. Aber was hatte der an? Sahib durchfährt es wie ein Blitz. War das nicht SEIN rotes T-Shirt? Er hat es gestern Abend gewaschen – auf den Zaun gehängt vor dem Zelt. Heute Morgen war es nicht mehr dagewesen. An den Schultern leicht verschossen von der sengenden Sonne auf dem Meer. Es ist sein T-Shirt. Er ballt die Fäuste unter der Decke. Nur nichts anmerken lassen. Nur nicht auffallen. Er wird sich begnügen mit dem Unterhemd. An die Decke starren. Sich verlieren im Weiß, ganz allein in diesem Weiß.

Nicht ganz. Es gibt sie ja noch, seine Familie – er hofft es von ganzem Herzen. Das Foto – plötzlich fällt ihm das Foto ein. Er zieht es verstohlen aus seinem Rucksack. Ganz wellig ist es geworden vom Salzwasser, das ins Boot geschwappt war und alles durchnässt hatte. Seine lachende Schwester Rania. Sie hatten gerade heimlich Musik gehört aus dem Radio. Rania hatte ausgelassen dazu getanzt. Doch Musik war verboten, Tanzen war verboten. Ob die neuen Herren ihr das Lachen schon aus dem Gesicht geschlagen haben? Vater mit besorgter Miene, den Arm um Mama gelegt. Er daneben, schon gewappnet für das Abenteuer Flucht. Alles Ersparte hatten sie ihm in die Hände gelegt, ihm, dem Hoffnungsträger, der den Weg bahnen sollte in ein anderes Leben, ein Leben ohne Bomben, ohne Todesangst, Angst, die die Seele vergiftet, stumpf macht, misstrauisch und mitleidlos.

Sorgsam verstaut er das Foto wieder im Rucksack. Den legt er unter die Pritsche. Gibt sich einen Ruck. Steht auf. Ein paar schnelle Schritte vor das Zelt, bis zum Zaun, diesem elenden Zaun, der ihn abriegelt von der Welt da draußen.

Irgendjemand hat die Grasbüschel gekappt. Überall die Halme.

Abgeschnitten, ohne Wurzeln, dem Verdorren preisgegeben. Er hebt gedankenverloren einen nach dem anderen auf, sammelt sie, bis seine Hand ein ganzes Bündel umschließt. Er nimmt sie mit ins Zelt, hat plötzlich eine Idee. Sie sollen ihm die Tage markieren, die Wartezeit messbar machen, diese lähmende Wartezeit.

Pro Tag ein Halm. Der erste liegt schon – unter dem Feldbett. Das fällt nicht auf. Wenn er Halm für Halm vom Fußende bis zum Kopfende auf dem Boden nebeneinander gelegt haben wird, wird die Warterei zu Ende sein.

Ein wenig Magie.

Das lässt ihn hoffen.

Seit Wochen legt er nun Halm neben Halm und spürt wie das Weiß über seinem Kopf unmerklich zur Leinwand wird für Bilder seiner Fantasie, Bilder von einem eigenen Zimmer, einem Arbeitsplatz, von einem Bahnhof, wo er wartet auf die Ankunft seiner Lieben.

Bilder, die ihn eintauchen lassen in eine langersehnte bessere Welt.

Den letzten Halm hat er gestern gelegt, schon auf der Ebene seiner Schultern, wenn er sich auf dem Bett lang ausstreckt. Er atmet tief durch.

Lange kann es nicht mehr dauern, bis er es hört, das Zauberwort „Asyl".

Am Morgen sind alle Halme weg.

Sein Schrei gellt durch das Zeltdach bis zum Himmel, ehe er kraftlos zurücksinkt auf sein Lager, sich wieder verliert

im erbarmungslosen Weiß.

Barbara Franke

Abschweifungen

Heute musste ich mich beeilen, um pünktlich zu sein. Mein gewohnter Platz, vorne rechts, war noch frei. Etwas exponiert, doch ich beherrsche ja meine Rolle.

Die Autorin lächelt zufrieden. Zwanzig Zuhörer sind gekommen, obwohl heute Lyrik angesagt ist. Das scheint die Gäste nicht zu stören. Sie kommen fast immer. Man kennt sich. In der ersten Reihe sitzen auch wieder Herr D. und Herr O. Auch S. und B. sind da, eifrig miteinander redend. Ich werde sie nachher begrüßen. Erst als das Licht zurückgenommen wird, verstummen die halblauten Gespräche. Ein Schluck aus dem Glas mit Wasser. Die Autorin kann beginnen.

Die Augen der Zuhörer richten sich nach vorne aus. Jetzt ist Aufmerksamkeit gefordert. Beiläufiges Nicken in regelmäßigen Abständen. Ein Verständnis heischender Blick zum Nachbarn. Ab und an der Innenblick. Man lässt die Worte wirken, verharrt in Nachdenklichkeit. Alles viele Male geübt, selbst die legitimen kleinen Abschweifungen der Augen an den Bücherregalen entlang. Als Wiedergutmachung ein ermunterndes

Lächeln für die Autorin, welches diese freundlich erwidert. Jetzt kann ich es wagen, mich selbst in Augenschein zu nehmen, mein „Outfit" mit dem der Vordermänner bzw. -frauen zu vergleichen. Gekonnt die Farbkombination von Hose und Jacke bei Frau N. Selbst die Schuhe passen Ton in Ton.

Die Schuhe – ein Blick auf die eigenen: Schneeränder!

Wie peinlich. Ein Tupfer Schuhcreme hätte genügt. Zu spät. Vielleicht merkt es ja keiner. In der Pause lässt sich das Malheur auf der Toilette beheben.

Doch jetzt heißt es durchhalten.

Ich nutze die Zeit, um den morgigen Tag zu planen, die Einkaufsliste zusammenzustellen. „Menschen sind wie Vögel", höre ich die Autorin gerade sagen. Das war's. Das hatte ich vergessen. Vogelfutter muss ich besorgen.

Viele Sorten von Vögeln tummeln sich inzwischen vor unserem Küchenfenster zu Hause... fliegen müsste man können. Längst wäre ich im Süden.

Oh, ich schweife ab. Das kann leicht vorkommen. Wie neulich, als ich beim „Ich danke Ihnen" der Autorin richtig zusammenfuhr und mich wunderte, dass die Arbeit schon getan war.

Den Schauspiellehrer hätte ich mir eigentlich sparen können, denn die Rolle ist nicht schwer. Bei fünf Euro Eintrittsgeld, das die Autorin jedem am Ende bereitwillig bezahlt, muss man viele Lesungen besuchen, bis sich der Unterricht amortisiert, obwohl H e r r   K . vom Staatstheater Saarbrücken Gruppensitzungen anbietet. So lernt man mit anderen gemeinsam die Rolle, und er kommt zu seinem Honorar, ohne den Einzelnen zu sehr zu belasten.

Ein etwas zu pathetisch geratenes „Breite deine Schwingen aus" reißt mich aus meinen kaufmännischen Erwägungen, führt mich zur Autorin zurück, der meine Zeit gehört.

Für sie, Frau B., ist diese Art von Lesungen erschwinglich. Einmal im Monat kann sie es sich leisten – zumal sie einen Teil des Honorars als Zuhörerin bei anderen Lesungen wieder hereinbekommt.

Dieses „tit for tat"-Verfahren – kommst du zu meiner Lesung komme ich auch zu deiner – gewährleistet, dass Schreibende immer wenigstens eine Handvoll Zuschauer haben, denen sie zu Dank verpflichtet sind, von denen sie abhängen. Ein sich selbst erhaltendes System.

Dagegen sind Fördermaßnahmen des Kulturministeriums, das im Rahmen der Reihe „Lebendiger Geschichtsunterricht" sporadisch sowohl Referenten wie Zuhörer finanziert, um Schulklassen einen Einblick in die im Verschwinden begriffene Vorlesekultur zu gewähren, eher erfolglos.

Als besonderer Flop erwies sich die letzte Veranstaltung der Buchhandlung P., bei der den Gästen als Belohnung fürs Zuhören Bücher geschenkt wurden. Bücher – wo doch alles wichtige inzwischen auf CDs, Hörkassetten und im Internet zu haben ist. Wahrscheinlich wollten sie ihre Restbestände sinnvoll entsorgen. Selbst die Armbanduhr, die als Trost für die Bücherzumutung gereicht wurde, stimmte die Zuhörer nicht milder. Sie sollte beweisen, dass Lesen schneller geht als Hören.
Als ob es immer auf Schnelligkeit ankäme! Mir wäre auch das übliche Honorar von fünf Euro lieber gewesen. Eine Uhr habe ich ja schon und Bücher sowieso.

Schon wieder bin ich abgeschweift. Bei Lyrik passiert das leider immer wieder.
Die Lesung nähert sich dem Ende.
Ich darf das Applaudieren nicht vergessen. Schließlich muss man ja auch etwas tun für sein Geld.

Barbara Franke

Gestern

Gestern
fielen mir im Garten
Worte von dir in die Hände

Sie waren an den Freunden vorbei
durch die Dachluke entwischt
rutschten am Kieferstamm hinunter
und hüpften
von Blütenblatt
zu Blütenblatt

Wie ein Dieb
sammelte ich sie auf
und legte sie
neben den schweigenden Teller
am Tisch

Barbara Franke

Lesung

Tastender Schritt
auf glattem Parkett
ein Laufsteg zum Pult
der Kasten aus Holz
verbirgt ihr Zittern
sie zieht sich zurück
aus ihrem Gesicht
wird öffentlich fremd
im gleißenden Licht
Ureigenes fremd
die Stimme nicht ihre
sie stolpert durch Worte
erfundener Erfahrung
bodenlos fremd
schlägt es zurück
aus den Augen der Zuhörer
die nicht verstehen

Sie applaudieren
wie es sich gehört

Barbara Franke

Schreib-Elend

Auf der Jagd
nach Wortschätzen
dem Kopfglück
gelungener Verse
enttäuscht papierne
Harmonie die kalte
Heiligkeit der Form
frisst Silbenzählen
die Empfindung

die Zärtlichkeit
grüner Birkenblätter
die Gelassenheit
stiller Waldlichtungen
die Ausdauer
der Horizontlinie
entziehn sich
der Verantwortung

bleibt nur
die Flucht ins Offene
Ungeschriebene

Barbara Franke

Schuld

Sich geborgen fühlen
im unvermeidlichen Muss
das Müssen wollen
um das Wollen
nicht wagen zu müssen
entschuldigt
und aller Verantwortung frei
zufrieden sein
mit Rechtschaffenheit
und Pflichterfüllung

Barbara Franke

Trennscheibe

vor dem Fenster
auf blassblauer Leinwand
schwarze Konturen
ohne Bewegung
knorrige Äste
Kiefernzweige
Büschel von Nadeln
erstarrte Borsten
vergessener Pinsel
wie mundgeblasen
Kirschbaums Krone
verklumpt die Hügel
am Horizont
nur dunkle Masse
selbst Wolken gefroren
in Endzeitkälte
vor der Scheibe
der leblose Garten

doch eh das Restblau
schwärzt die Nacht

gespiegelt im Fenster
das warme Licht
die schreibende Hand
aus dem Bild gefallen
zurück ins Leben

Barbara Franke

Überdachte Kindheit

Aufgereiht wie Perlen
am Hals der Mutter
auf weißer Bank
im Rosenpark
Mädchen weißberockt
mit baumelnden Beinchen
Propeller im Haar
können nicht abheben
ein Lindendach
vom Himmel
sie trennt

Wenn ihre Beine
den Boden berühren
wird die Linde
gefällt sein
doch dann
sind die Propeller weg
es geht nur noch vorwärts

Karin Klee

übers schreiben

1.
ich vermelde
immer dasselbe

steif und stur in einer tour
denselben quatsch
jahr für jahr glockenklar in immer
demselben satz

und es geht leider
immer noch weiter

2.
Wenn sich so ein Schätzchen
kann sein Kind, Hund oder Kätzchen -
auf meine Schreiberei pflanzt
verschwindet die
ganz

ich aber bleibe still
dann war's wohl nicht viel

Karin Klee

WUNSCHGEDANKEN

ich vererbe allein eine kerbe
als wegweiser
denn ich liebe nur die spur
ich will nicht verloren gehen

ich vererbe nur die spur
denn ich liebe allein eine kerbe
als wegweiser
ich will verfolgt werden und
                 nicht verloren gehen

Karin Klee

Kilometer zu Fuß

Z ig Kilometer zu Fuß
u unter derselben Sonne und doch reicht
                              es noch

f   ür ein strahlendes
L   achen
u nsereiner wird da leicht gelb wie
C hiccorée im Gesicht
h at eine angeklebte Zunge oder gar
t   rüb braune Balken im Kopf

E he es vergessen ist:
u nser letzter Krieg hat auch nicht
r   echt getaugt
o der etwa doch?
P ostkarten von damals könnten
                              weiterhelfen
a ber wer möchte denen noch Glauben
                              schenken?

Annette Kimmel

am bescht

hat vielleischt jeder uff sei art rescht?
isch glaab so isses am end vum daa
escht.
odder had vielleischt gar känner
rescht?
so kennts aa sinn, wannde die karte
uffdeckscht.

uff alle fäll äns schdeht mo fescht:
sei eigni meinung find jeder die
bescht.
wie weit des alsmo geht,
sieht mer jo uffm ganze planet.

do werds als viel zu hitzisch,
des iss schunn nimmi witzisch.
isch hädd e vorschlaa fer de friede
unn des mähn isch in escht:

wammers nächschte mo hänneln,
gebb mir äfach rescht!

Annette Kimmel

Des nachts

des nachts verlässt eine kleine Maus
zwecks Fortpflanzung das Mäusehaus.

So so, denkt die Eule, die über ihr
wohnt,
das Warten hat sich also gelohnt.

Sie stürzt hinab auf ihre Beute,
beendet so der Mäuse Freude.

So zeigt sich hier wieder klar,
das Leben ist zwar wunderbar,

gleichzeitig doch, seien wir ehrlich,
immer auch ganz schön gefährlich!

Annette Kimmel

Reim dich

Auf hohem Mast
zu viel verprasst,
die Rast verpasst,
die Hast zur Last
auch jetzt im Knast
lacht er noch fast.

Anette Kimmel

Silbern

Silbern ging der Tag zu Ende
Schweigen hat sich Flügel verschafft
aus den Schalen der geöffneten Hände
letzte Worte letzte Kraft

Was war war noch immer
nur Grenzen waren aufgetan
am Ende des Tunnels ein leuchtender
Schimmer
ohne Körper seine Bahn

Silbern ging der Tag zu Ende
Schweigen hat sich Flügel verschafft

Runa Neuer

Uferlos

Liverpool 1837

Dr. Arthur Leech stürmte an dem Dienstmädchen vorbei, das gerade seiner Gemahlin Kate den Tee ins Wohnzimmer gebracht hatte. Schon im Flur hatte der Chirurg den Namen seiner Frau gerufen. Wegen dieses sehr ungewöhnlichen Verhaltens blickten Kates Augen besorgt, als ihr Gatte eintrat. Zur Erklärung wedelte Arthur mit einem Brief, den er offenbar gerade erhalten hatte.

„Liebes! Etwas unglaubliches ist passiert!" der Arzt rang nach Atem, aber in seinen Augen leuchtete die Begeisterung eines Schuljungen. „Quentin hat geschrieben! Erinnerst du dich an Quentin Leech? Meinen Cousin, der zur See fährt? Erinnerst du dich an den Zeitungsartikel, den Quentin vor zwei Jahren geschickt hat? In dem es hieß, das Empire habe einen neuen Handelspartner in Asien gefunden?"
In Kates Kopf ratterte es.
„Nicht so schnell Arthur!" lachte sie. „Lass mich erst überlegen! Quentin... Warte... Dein englischer Cousin? Ist der nicht inzwischen sogar Kapitän?"
„Genau!" Arthur nickte. „Kapitän und Entdecker!"

„Wie Columbus?" grinste seine Gattin.

„So ähnlich... Was weißt du davon noch?"

„Nicht viel... Ist ja schon über zwei Jahre her, dass er davon schrieb." Kate legte den Kopf schief. „Er schickte uns damals einen Zeitungsartikel. Darin stand etwas über eine Reise nach China..."

„Quentins Schiff, das erste, auf dem er als Kapitän fuhr," erklärte Arthur die Zusammenhänge „sollte in Ostasien Dinge für das Empire erledigen. Dabei stieß die Mannschaft auf eine Reihe von Inseln vor der chinesischen Küste. Es stellte sich heraus, dass sie ein Kaiserreich wiederentdeckt hatten, das den Namen Sekai trägt. Bis zu dem Zeitpunkt war es noch nie von einem Europäer betreten worden."

„Versteh ich nicht..." sagte seine Frau mehr zu sich selbst. „Nach China kommen so viele britische Schiffe und das Kaiserreich liegt so nah an deren Küste..."

Arthur kratzte sich am Kopf. „Quentin schrieb damals, dass der dortige Kaiser sein Reich gegen die Außenwelt abgeschottet hat. Bis – "

„Ich weiß es wieder!" Die Erinnerung war urplötzlich aus der Versenkung aufgetaucht. „Männer und ihre Spielzeuge! Was hab ich damals gelacht, als ich Quentins Worte las!

Hatte nicht ein Passagier eine Dampfmaschine bei sich, mit der er Männer am Kaiserhof beeindruckte?"

Ihr Gatte musste doch inzwischen Kopfschmerzen haben von dieser Nickerei.
„Gut, dann bin ich soweit im Bilde." lächelte seine Frau, dann runzelte sie ihre hübsche Stirn. „Aber ich versteh trotzdem nicht, was dich so begeistert an Dingen, die vor zwei Jahren und noch dazu anderen Leuten passiert sind..."

Arthur sprudelte erneut los. Kate konnte ihm schon wieder kaum folgen. Quentin habe Sekai seitdem oft angesteuert. Sein Schiffsarzt habe bei einer Verhandlung im Palast durch Zufall einem Sohn des Kaisers das Leben gerettet.

„Und stell dir vor, Kate, was das auslöste: Der Kaiser ist so dankbar und fasziniert von der westlichen Medizin, dass er deutsche Ärzte in sein Reich einlädt, dass sie dort eine Fakultät gründen! Ich werde hingehen und du mit mir!" Voller Übermut hob er seine Gattin hoch und drehte sich mit ihr im Kreis, als sei Käthe ein Kind. „Wir beide in Asien! Wir werden mit den Oberen Zehntausend verkehren und entscheidend zur Entwicklung dieses fernen Landes beitragen!"

Das Feuer der Begeisterung, das sich angesichts der Auswanderung in Kates Herz entzündet hatte,   glomm nur noch schwach. So viel hatte sich geändert, seit sie und Arthur den Entschluss gefasst hatten. Zuerst lief alles wie ein Uhrwerk: Quentin stellte Kontakt zu einem Mann her, der das Ehepaar zehn Jahre Jahre lang in den kulturellen Besonderheiten und der Landessprache unterrichtete. Das Lernen fiel beiden leicht. Damit stieg die Zuversicht. Wann immer jemand Zweifel säen wollte, wärmte sich Kate an den Flammen in ihrem Inneren. Sie glaubte felsenfest an den Traum von einem gemeinsamen Leben in Sekai.

Das änderte sich durch einen Zufall. Dr. Leech und seine Gattin wollten noch einen kurzen Spaziergang machen, bevor sie an Bord gingen, als Kate stolperte und auf die Straße fiel. Ihr Gatte sprang auf die Straße, denn Kate musste so schnell es ging in Sicherheit gebracht werden. Doch die Gestürzte war durch das Gewicht ihrer Kleiderschichten zu ungelenk zum Mithelfen. Arthur war so damit beschäftigt, seine Frau auf den sicheren Bürgersteig zu hieven, dass er die Geschwindigkeit der herannahenden Dampfkutsche unterschätzte. Das neuartige Gefährt, welches ohne Pferde auskam, zermalmte Dr. Leech. Er erlag auf dem Weg ins Hospital seinen

Verletzungen. Für Kate, die unerwartet Witwe geworden war, brachen zwei Welten zusammen. Ihr geliebter Mann war ihretwegen gestorben und ans Auswandern mochte sie ohne ihn nicht denken.

Kate spürte wie sich die Panik als Eismantel um ihre Schultern legte, so wie bei dem Unfall. Seit Arthurs Tod vor zwei Jahren glich das innere Feuer nur noch einer Kerze. Kate hatte damals die Fahrkarten verbrannt und sich ein billiges Zimmer gesucht. Schließlich hatten die Leeches ja alles für den Neubeginn verkauft. Doch auch in dieser Trostlosigkeit ließ der Traum von einem Leben in Ostasien die Witwe nicht los. Hatte sie eine ganze Dekade umsonst mit den fremden Lauten und den seltsamen Bilderschriften verbracht? Tagsüber nagten die Eiszähne der Zukunftsangst an ihrem Herzen. Aber jede Nacht träumte Kate von den Photographien, die Arthurs Cousin Quentin seinen Briefen beigelegt hatte. Egal wie fest Panik und Zweifel sie im Griff hielten, Kate hatte es nie geschafft, sich von diesen Bildern zu trennen. Im Schlaf trat sie ihre Reise nach Ostasien an. Wohlbehalten erreichte die junge Frau ein Land, in dem Dinge geschahen, die Käthe nur aus Märchen kannte. Wo Wissenschaft am Ende war, behalf man sich auf Sekai mit Magie... Wenn sie erwachte, spürte Frau Leech das

Flackern des Traumes, der noch immer versuchte, in ihrem Leben zu bleiben. Bisher hatte die Einsamkeit die Oberhand behalten. Denn sie hatte Kate daran erinnert, dass sie nicht mehr das besaß, was der Kaiser von Sekai wollte: Einen britischen Arzt.

Doch dann sah sie besondere Bilder im Schlaf. Kate träumte, sie befände sich in Sekai. Ihr Traum-Ich kniete mit Damen in Seidengewändern auf dem Boden eines wunderschönen Raumes. Mrs. Leech hörte sich selbst, wie sie fließend Englisch sprach und dann in die Landessprache wechselte. Als die Schlafende begriff, wovon die Szene handelte, erwachte sie daraus.

„Warum denn nicht?" fragte Kate sich selbst. „Was soll mich abhalten, im Lehrberuf zu arbeiten? Nichts anderes hab ich die letzten beiden Jahre auch getan. Es liegt mir im Blut! Und die Arbeit als Übersetzerin? Auch die werde ich schaffen! Ich habe schließlich zehn Jahre diese Sprache und Kultur studiert und seit Arthurs Tod wieder bei Herrn Müller Unterricht genommen. Zuerst wollte ich dadurch Arthur am Leben halten und dann wurde das Lernen zur Sucht... Vielleicht wusste ich, dass ich den Traum nicht aufgeben kann!"

Gestärkt machte Kate sich sofort an die Erfüllung ihres Traums. Während sie ihre Ersparnisse das mühsam gesparte Geld zählte und alles nötige packte, spürte Kate weder Angst noch Zweifel. Die Sicherheit blieb auch in der Droschke erhalten, die sie zum Hafen brachte. Mit festem Schritt betrat Mrs. Leech das Büro der Reederei, wo ihre Ersparnisse für eine Überfahrt zweiter Klasse ausreichten. *Mit Arthur wäre ich erster Klasse gereist...* Als Kate das Gebäude mit der Fahrkarte in der Tasche verließ, spürte sie die Angst im Nacken. Aber passte ihr diese Gefühlsregung nicht. Deshalb belog sie sich selbst und schrieb die Kälte dem Wind zu, der vom Meer herüber wehte. Trotzig streckte die Auswanderin den Rücken durch und marschierte an Bord. Auf der Gangway taumelte Kate kurz, denn ihr wurde für Sekunden schwarz vor Augen.

„Tu ich das Richtige?" begann sie sich gegen ihren Willen zu fragen. „Ja, ich will nach Sekai.... Ich kenne die Kultur und werde mich einleben! Tatsächlich? Ich werde allein sein. Was, wenn etwas geschieht? Wenn ich krank werde? Ein Überfall? Wenn mich niemand einstellt?"

Kates kalte Finger krallten sich halt suchend in die Reling, während die Matrosen am Kai das Ablegen vorbereiteten. Ihre Kehle war zugeschnürt. Die Kraft ihres Lebenstraums schwand wie eine

Kerze, der das Wachs ausgeht. Kate vermochte sich nicht zu rühren. Sie fror trotz des sonnigen Wetters in ihrer warmen Kleidung. Plötzlich ging ein Ruck durch Mrs. Leech.

Eilig wand sie sich dem Hafen zu, packte ihre Koffer und schleppte das Gepäck hastig von Bord. Schwer atmend erreichte Kate den Kai.

Hinter ihr wurden gerade die schweren Taue an Bord geworfen.

Also war sie gerade noch rechtzeitig aufs Festland gelangt.

Gundela Nitschke

Alles ganz easy

in New York
am Times Square
selfie vor der roten treppe
schnippt das
fingerchen zum taxi
schwebt Mr. Sport aus
dem portal seiner penthouse
suite unter wortblumen vom
gelben pullover herab
alles ganz easy für
den wachmann zum
puschelhündchen mit
bedürfnis richtung Central Park

rennt der laptop in Oslo
am anzug dunkle
seide zum smart
phone am ohr
kratzt die Rolex
im einvernehmen
mit brilli
ring ring die
neue nummer
für girlie ich bin
schön cool
wippt das spiegelbild
popöchen zwei
rechts zwei links
vorn ein leckeis
in der neu benagelten
hand
ganz easy in

London am
ufer der Themse
ehm ehm okay
schlagen die mai
bäume purzel
klopft die horn
hautfreie hand
auf die schenkel
chen blitzt der
foto die parade
vor Whitehall
mit fernkuss durchs
handy

easy ganz in Doha
drängt das umsteige
volk zu den Seitenpferchen gate
41 und 42
was will denn
der rucksack hier
lallt das rollköffer
chen in rosa schale
ich bin eine dame
zum selfie
viel hippolachen

alles ganz easy
in Hamburg Berlin
und München
wer schaut wohin
wie komme ich
durch kein platz
für andere
ich bin Mango
und Burberry heute

ohne schal wo hast
du die kette her
kommst du zum drink
bei Joe

und dann alles alles nicht mehr
easy im
NCT Heidelberg
du schöne ich
muss dich lassen traurig
kein selfie auf
intensiv wo
ist die zeit
geblieben tickt die
Rolex so müde
und neigt ihr
haupt

Gundela Nitschke

Bettgezwitscher

Sie denkt: Endlich ein großer Mann.
Und stärker als ich. Zwar ein bisschen
Bauch im Kommen. Seine fehlende
Abneigung gegen ein Doppelkinn.
Aber vielleicht ist das auch
orthopädisch bedingt.

Er ist ein erfolgreiner Geschäftsmann
und er fühlt Flammen und Feuer,
wenn er mit ihr zusammen ist.
Zusammen heißt: Er lädt sie zum
Essen ein, nobles Restaurant. Er geht
gern essen oder liebt es, sich in seinen
Abendstunden mit Selbstgekochtem
zu verköstigen.
Essen ist Leidenschaft und
Beschäftigung.

Seine zweite Passion ist das Bett.
Aus einem Eine-Nacht-Stand
entspross ein Sohn. Nach einer Zeit
der Leugung nun Vaterschaft, ein
Sich-kümmern um den
Heranwachsenden. In einem
Intermezzo versuchte er eine andere
Ehe. Nach diesem Abgang die
Leerstelle. Und nun sie einige Jahre
jünger als er, aber unbefleckt. Sie
beobachtet ihn. Findet das
Zusammensein, das Essen in
geschmackvollen Restaurants, die
Gespräche angenehm.

Er hat Mühe, sich zu zähmen, schwärmt von endlicher Familiengründung, fragt verzweifelt nach der fünften Einladung – dieses Mal zu einem Spargelessen – : Was soll ich denn noch machen? Spricht vom „letzten Schritt" wie von Eingabe seiner Verkaufsorder.

Sie fühlt sich bedrängt. Dann geht es Schlag auf Schlag.

Seine SMS: Komme Donnerstag vom Meeting in Rom, kannst du von Donnerstag auf Freitag bei mir übernachten, danach bin ich bei Konfirmation meines Sohnes.

Es hätte noch gefehlt: Bringst du Präservative mit? Meine sind mir ausgegangen.

Sie lehnt das Bett ab, aber nicht, dass man sich doch bitte näher kennenlernen möge.
Das ist ihm zu viel.
SMS zurück: Wir sind wohl nicht füreinander geschaffen.
Und dann vielleicht: Ich besorge mir wieder selbst Präservative. Gute Zeit!

Gundela Nitschke

Das Lachen

Auf dieser Straße zum Ophansi Gate
des uMkhuze Game Reserve gibt es
selten Autos. Nicht nur der Schotter
und die Schlaglöcher sind daran
schuld.
Die Straße führt weit von Osten heran,
die Grenze zu Mozambique ist nah.

Wir kommen durch die Siedlung
Kwajobe. Wie immer gehen
Menschen am Straßenrand spazieren.
Man trifft sich, erzählt, verkauf
Kleinigkeiten, guckt nur. Auf Karren
werden Wasserbehälter oder Steine
geschoben, ein paar Kühe müssen
beobachtet werden.

Wir fahren vorbei, die Menschen
winken fröhlich. Wir sind Gäste, die
ihr Land besuchen. Wir winken
zurück.

Am Ende der Straße sehen wir zuerst
ihren Rock leuchten, strahlendes Pink,
darüber blendet eine blaue Bluse.
Die junge Frau hat unter den Arm
lange Hölzer geklemmt, mit der freien
Hand winkt sie lachend zu uns
herüber, blitzende Zähne.

Zu jeder Zeit ein Cover eines Magazins.

Sie winkt im Weitergehen. Sie muss das Holz nach Hause bringen.
Zuerst denke ich, das bisschen Holz wird nicht lange vorhalten. Später weiß ich es: Es wird Tamboti Holzt gewesen sein.
Nach all den Lagerfeuern in Südafrika ist klar: Diese Scheite der Frau reichen einige Zeit.

Und auch ihr Lachen wird noch für viele Menschen reichen.

Gundela Nitschke

Die andere Seite

Das kleine Mädchen sitzt auf dem Trampolin. Die Hände nach hinten abgestützt, schaut sie den Sprüngen ihrer Geschwister nach. So ein schönes Trampolin im eigenen Garten. Noch vor kurzer Zeit konnte das kleine Mädchen mithüpfen. Jetzt geht das nicht mehr. Liese muss sitzen bleiben, sie hat keine Kraft mehr und sie kann ihrem Kopf nicht sagen: Jetzt springe ich in die Sonne.

Liese hat NCL, fortschreitende Kinderdemenz.
Die Eltern erzählen stockend von ihren Versuchen, ihre Tochter als „Härtefall" an einer vielversprechenden Studie in Amerika teilnehmen zu lassen. Sehr positive Erfolge des entwickelten Medikaments werden gemeldet.

Es ist der letzte Strohhalm, der letzte Hoffnungsschimmer. Ohne diesen Medikamentenversuch wird Liese bald sterben.

Der Direktor der auf seltene Krankheiten spezialisierten Pharmafirma in Amerika lehnt eine Teilnahme ab. Er lässt mitteilen: Gefährdung der laufenden Studienergebnisse.

Ratlosigkeit bei den Eltern. Tonlos der Vater: Eine Firma hat die Macht über Leben oder Tod.
So geht die Zeit hin. Letzter Spaziergang im abnehmenden Licht über den Hügel, den kleinen Tod vor Augen.

Irgendwann erkrankt der Direktor der auf seltene Krankheiten spezialisierten Firma in Amerika: Hirntumor Glioblastom Grad IV; keine Aussicht auf Heilung,
Doch der Direktor gibt nicht auf.

Das Machbare muss machbar gemacht werden. Eine andere auf seltene Krankheiten spezialisierte Pharmafirma in der Schweiz lehnt seine Teilnahme als „Härtefall" in einer laufenden überfüllten vielversprechenden Studie ab.
Die Gründe: Gefährdung der Studienergebnisse.
So geht die Zeit hin. Abnehmendes Licht.

Der letzte Weg über den Hügel, eine kurze Strecke.

Gundela Nitschke

hallo für linda

wie geht es
mein
mein mann
ist gestorben
geht es gut
mein mann ist
gut geht es
mein mann
es geht gut

mein mann
ist gestorben
meiner auch
schon
fast
beinahe

Gundela Nitschke

im afrikanischen busch

ein teil zu sein
auf den strassen der tiere
die spuren lesen zu lernen
gleich einer zeitung
ihre luft zu atmen
ihr letztes land
randläufig zu besuchen
atemlos ihre erstaunten blicke
auszuhalten und
in fühlloser stille zu warten

Gundela Nitschke

Kambodscha kein weißer Fleck

Die schmale Asphaltstraße abseits von Angkor Wat ist unbelebt. Der Abend kommt. Am Horizont über den himmelstürmenden Palmen ein breites Roséviolett, weinend und still bis hinab in die ruhevolle Fläche des Tonle Sap Sees.

Die Tage in Kambodscha gehen zu Ende.

Abschied von Chea.

Er denkt mit flinken schwarzen Augen, wir wollten ihm das Abendrot hier zeigen und nicht das über den lächelnden Köpfen des Bayon Tempels.
Doch wir möchten uns nur bedanken, ihm 20 Dollar geben für seine Betreuung, seine Fahrten im Tuktuk, hier geben, nicht vor dem Hotel, hier vor den Wiesen mit zwei weißen Kühen, am Gras zupfend, überall laute Stille.

Chea freut sich, mehr als ein Tagesverdienst extra, er nimmt den Helm ab, wischt die Stirn, es sind immer noch 38 Grad Celsius.

Nein, er lässt die Augen sinken, er kann nirgendwohin gehen, er hat nur ein Papier, um hier in Cambodia bleiben zu können. Wenn die Regenzeit kommt, gehe ich auf die Reisfelder, gibt weniger Geld als Tuktuk fahren, aber immerhin.

Es ist noch nicht so lange her, da fand der Pflug unter der Erde die Knochen der Erschlagenen, Verscharrten, der Regen spülte die Kiefer hervor, Splitter der Toten aus der „Drei Jahre – acht Monate und zwanzig Tage-Zeit" der Roten Khmer, vom Weltgewissen vergessenes Kambodscha.

Wir erinnern uns an den Weg zum Tempel Neak Pean, Klagemusik einer kleinen augentraurigen Menschengruppe ohne Beine spielen sie in den Abend, in die Ohren der vorbeischlendernden Touristen auf ein paar Dollars hoffend; noch in Jahren werden die Felder von Minen nicht frei sein.

Chea winkt in den Abendhimmel, sein Gesicht dunkel und ruhig, er startet sein Tuktuk.
Unter dem Lächeln der Köpfe am Tempel Bayon geht es zurück.
Westwärts. Westwärts. Europa ist weit.
Wir denken an den Reichtum dort und fühlen uns auf erschreckende Weise arm.

Gundela Nitschke

Kein Märchen II

Es war einmal eine Frau, die wuchs auf, gehütet und beschützt für ein ordentliches Leben.
Sie denkt zurück: die gezupfte Haarschleife ganz oben, übergroß zum Abflug.
Zeichen dieser Ordnung in Erwartung.
Wohin führen die Wege?
Jahre vergehen. Die Zeit nimmt alles mit.
Geschätzt im Beruf, vergisst sie nie ihre Familie. Umsorgung für alle: Mutter, Mann, Töchter, Enkel. Sie springt immer ein, zwischenzeitlich auch mit gebrochenem Knöchel.

Hin und wieder ein Innehalten im Grünen, Blick zu den Kiefernkronen vor der Terrasse auf die umsorgten Pflanzen; nur nicht den Süden vergessen.
Und immer wieder eine kleine Zeit am Schreibtisch, das Hören, Sehen, Fühlen in Buchstaben. Dort ist ihre Welt. Sie ist allein mit ihrem Text.
Die Bilder aus dem Kopf bringen.
„Oma, Oma kannst du schnell kommen, da ist so ein kleines Tiiier, oh, oh, weh!"
Enkelrufe in den höchsten Tönen.
Der Text verwaist, ein Wiedersehen ungewiss, stürzt sie aus der Tür.

Gundela Nitschke

Krüger nationalpark

besucher sind wir
ohne einladung
im afrikanischen busch
leben die bewohner
des letzten landes auch
hier ohne schutz
vor der habgier der
menschen mit erbeutetem
nashorn werden
diese reich
an schuld

Gundela Nitschke

nebenweg

den blick in
die augen des
löwen so ab
wartend gelb
gelassen sekunden
schrecklang bevor
er weitertappt
zum mittags
schlaf nach einer
guten mahlzeit
und alles wird
leichter werden in
einer anderen zeit

Gundela Nitschke

Radeltour

Ein zwanzig Jahre dauernder Leidensweg des Alleinseins nach der Scheidung war es, der sie zur Kinderschlafenszeit ins Bett legte.
Ein schweres Leben, Nachrichten darüber ausführlich.

Sie genießt eine Frühverrentung mit ausreichend Geld, aber sie muss elendig sparen. Zu einem Fernsehapparat in ihrer geräumigen Eigentumswohnung reicht es kaum für ein Modell aus Aldi.
Sie benutzt ihr Auto nicht, sondern radelt lieber am Abend von Müllbehälter zu Müllbehälter an Parkbänken, um nach der Tageszeitung zu fischen.

Ob auch anderes Gut ist nicht bekannt.
Und jeden Sommer ein bezuschusster Urlaub im betriebseigenen Kurhaus.

Ihre zu leistende Zwei-Euro-Tagesgebühr schmerzt sie bis zur Gallenkolik.

Die Sorgen für sich selbst reißen nicht ab. Das Kümmern um ihre Mutter überlässt sie unter Krämpfen anderen. Sie fühlt sich geschlagen vom Schicksal.

So sorgsam sparsam ist sie, dass sie eines Tages ihre Nichte, Bankangestellte in einem großen Haus, nach Bestanlagen für ihren 100.000-Euro-Sparstrumpf befragt. Da sie nach außen so liebreizend, gibt es genügend Mitgefühl.

So geschieht es. Eines Tages ein ebenfalls radelnder Mann neben ihr.

Fortan radeln sie zusammen. Die exzessiven Klagen nehmen ab.

Dafür legt sie an Umfang zu. So hat der Mann zu tun, ihre verschiedenen Körperteile zu verschiedenen Zeitpunkten zu beklopfen.

Der Mann ist eines Tages hinten mit ihrem Nacken beschäftigt, als ihr vorn die Schwägerin vom Sterben ihres Bruders erzählt.

Sie kann es nicht fassen. Welch Unverfrorenheit außer ihr krank zu sein.

Und dann auch noch gleich sterben. Jo mei.

Sie hatte sich das doch so schön ausgedacht: Der etwas jüngere Bruder, um alles in der Familie bemüht, sollte sich um sie, die Schwester, im Alter kümmern.

Die eigene Tochter aus ihrer geschiedenen Ehe hat sich längst aus dem Dunstkreis der Mutter entfernt.

Und nun das. Gleich sterben.
Unfassbar.

Gänseblümchenblick. Ihr Gefährte des
Lebens beklopft sie beruhigend.

Später erhält sie eine Todesanzeige
mit Navigationszeichnung vom
Baumgrab ihres Bruders. Ihre lange
zurückgehaltene Gallenkolik bricht
aus.
Man hat mich nicht zur Beerdigung
eingeladen. Was soll ich jetzt mit dem
entzückenden schwarzen Kleid
machen? Extra mit Ausschnitt zum
Beklopfen und Schleierfahne für
meine Tränen! Bei Ebay anbieten?

Oder wer ist der nächste?
Sie ist ohne Trost.

Sie hatte sich so auf die Beerdigung
gefreut.
Nun bleibt nichts anderes übrig: weiter
radeln und klopfen.

Gundela Nitschke

solange

im gras des flusses Letaba
die elefanten ziehen
zebras und gnus
an hängen des
Imfolozi-tales weiden

das nashornbaby bei der
mutter im schlamm in seine
 welt
hinaustappt und die büffelherde
stadtlichtergleich in die
nacht blickt

die hyäne neben
dem löwen ihre geduld
übt und die rote
python im staub
ihre spur zeigt

im trockenen flussbett
nach wasser zu graben ist
der wind die wolken vertreibt und
später die sonne Afrikas hinter
die berge von Mkhaya sinkt

solange
zurückzukehren ist

Gundela Nitschke

und sie dreht sich

schuberts forellenquintett im
ohr das rufen des
urwalds den ruhelosen
lärm zwischen hongkongs
häuserschlangen geschwingdigkeit
über grund
701 km/h höhe 10363 meter über
chongqing wo in lanzhou
die chinesin reisschalen füllt
kambodscha kein weißer fleck
mehr ist chea sein tuk-tuk
durch die straßen von
angkor lenkt ohne pass
den westen nur ahnt vor
dem fenster ewige spitzen des
himalaya der erdschatten
wird uns bald überholen
in europas nacht

Gundela Nitschke

viele leute 1500 meter hoch
(frei nach Erich Kästner)

sie sitzen in den grandhotels
ringsum sind berg und wald
ringsum sind wiesen und weg und fels
sie sitzen in den grandhotels
und sind nicht allzu alt

sie haben ihre hotpants an
im tale ruft die kuh
ein kleines reh hüpft durch den tann
sie haben ihre hotpants an
und hören kaum noch zu

sie mailen news im freien fall
wobei es draußen weht
es blitzt und rumpelt manches mal
sie mailen news der eignen wahl
und sehn dass noch was geht

sie streicheln smartphones mit bravour
und heben den verkehr
sie kitzeln tablets lustig stur
und kennen die umgebung nur
von ansichtskarten her

sie sitzen in den grandhotels
und schwärmen viel von sport
doch ein Mal treten sie vergelt's
sogar vors tor der grandhotels
und fahren wieder fort

Gundela Nitschke

zum lunch

raffen sie sich zusammen
besprechen den impact
schlucken die neusten
strategien im reality check
die geraisten saleszahlen
pushen das offering im drink
zum letzten bissen
erfordert der markt
wen wo in welchem
set-up frisst die order
das meeting mit
feedback zum lunch
gab es etwas zum essen

Gerhard Rinsche

Begegnung

Der Halbmond
grüßt
durchs Fenster
am Tisch
den Lesenden.
Der Lesende
prostet zu
mit Rotwein
durchs Fenster
dem Halbmond.
Lächelt an
durchs Dunkel
den Hellen.

Gerhard Rinsche

Dilemma

Bleib hier
sagt die eine Stimme.
Lass uns gehen
sagt die andere.
Am Ende der Höhle
ist Licht
sagt die eine.
Was willst du
mit dem Funken
wenn du
die Flamme haben kannst
so die andere.
Komm mit
flüstern sie beide.

Was soll ich
Zweiohriger
tun?

Gerhard Rinsche

Erwachen

Ich lag unter
einem Gummibaum
freute mich
auf einen Traum.
Windstill lag
das Land
meine Angst
– gebannt.
Ich zähtle nicht
ein einzges Schaf
fiel urschnell
in tiefen Schlaf.

Zuerst war
alles wunderlich
ein Hörnlein flog
es tanzt ein Fisch.
Zwei Hunde
spielten Schach
ein Herz
im Kummer brach.
Da plötzlich
ein Gewitter
der Regen
schmeckte bitter.
Mein linkes Knie
vom Blitz gebrannt!
Den hat der
Teufel ausgesandt!

Bestürzt schlug ich
die Augen auf

da nahm Erkenntnis
ihren Lauf.
Nur Arthrose
war der Blitz
Schlafstatt war
mein Küchensitz.
Vor dem Haus
ein Presslufthammer
durchdröhnte Flur
und auch die Kammer.

Die Arme lagen
auf dem Tisch.
Weit und breit
da tanzt kein Fisch.

Gerhard Rinsche

Im Traum

Im Traum
bin ich
dienender König
knickse vor
Köchinnen und
Marktfrauen
bin aller
froher Lakai.

Im Traum
bin ich
Tropfen und Wolke
Traube und Wein
Subjekt und
Prädikat.

Im Traum
bin ich
hellwach.

Gerhard Rinsche

Kalter Tag

Der farbarme
Himmel fällt
aufs Dach
auf den Tisch
ins Glas.

Der Fliege
am Fenster
gelingt nicht
die Flucht
ins Freie.
Zu kalt
zum Öffnen.

Zukunft
Fensterbank.

Gerhard Rinsche

MÄRCHEN-HAFT

Als der alleinstehende Eigentümer einer feudalen Villa, ein stadtbekannter alter Geizhals, das Zeitliche gesegnet hatte, erwachten seine sieben Gartenzwerge. Jahrelang im überpflegten Garten ohne jede Aufgabe herumzustehen, hatten sie bis über ihre Zwergenhüte satt.

Ihre Freude war schier uferlos, sie stürmten entfesselt den Weinkeller, machten sich in allen Zimmern in allen Stühlen, Sofas und Betten breit. Den Kühlschrank fanden sie fast leer vor, doch waren sie mehr durstig als hungrig.

Auf dem Fernsehtisch entdeckten sie eine Zeitung, auf einer der vielen Werbeseiten eine Anzeige: Schneewittchen, zu allem bereit, keine Tabus, 0170/3855669. Von einem nie gekannten Freiheitsdrang überwältigt – zum erstenmal spürten sie, dass sie Männer waren, wozu einige Fotos in der Zeitung beitrugen – riefen sie Schneewittchen herbei. Eine halbe Stunde später war sie da, ließ sich ihre Verwunderung über die Kleinen nicht anmerken. Sieben Mal mindestens fünfzig Euro, da sieht man über Äußerlichkeiten hinweg. Und sie würden nicht schwer auf ihr liegen und ihr fast den Atem nehmen wie der Sumo-Ringer vor ein paar Tagen.

Schneewittchen war gut, sie machte sie alle glücklich, die ganze Nacht, bis zum Morgengrauen. Für die Zwerge war es ein nie gekannter Rausch. In ihrem alten, eintönigen Leben waren sie nur vom schweigsamen Rasen und gelegentlich ein paar Insekten und Fliegen auf vergeblicher Futtersuche umgeben gewesen. Nie hatten sie eine weibliche Brust oder gar mehr gespürt, an Wärme nur die Strahlen der launischen Sonne. Kaum sattsehen und -fühlen konnten sie sich an dem schönen Mädchen.

Dann kam das große Entsetzen. Die unerfahrenen Kleinen kamen nicht an das Geld im Tresor, denn der Geizhals, der anderen nicht die Schuppen in den Haaren gönnte, hatte sich in gemeiner Vorsorge den einzigen Schlüssel ins Totenhemd einnähen lassen. Vielleicht konnte man ihn im Paradies – der vermessene Calvinist hatte sich ernsthaft eingebildet, er käme dort hin – als Pfand einsetzen?

Das ausgepumpte Schneewittchen fühlte sich betrogen, war äußerst wütend und rief gleich die Polizei. Die Zwerge erstarrten vor Schreck, wo sie gerade waren, wurden bewegungslos wie früher auf dem Rasen

Die zwei Polizisten, die auf dem Revier gemütlich Karten gespielt und Kaffee mit Cognac getrunken hatten – nicht zum Vergnügen, nur zum Wachbleiben! – waren sehr verärgert.

„Die haben echt gelebt vorhin, wirklich, glauben Sie mir doch!", versuchte Schneewittchen im schmerzhaften Klammergriff zu erklären.

„Erzählen Sie das dem Nervenarzt", erwiderte der eine unfreundlich.

Sie wurde erst mal in die Ausnüchterungszelle verfrachtet, die unglücklichen Zwerge Tage später nach der Haushaltsauflösung an einem Flohmarktstand angeboten.

Dort stehen sie immer noch Samstag für Samstag und sehnen sich entsetzlich und unerkannt nach zu allem bereiten Märchenfeen. Sind Sie oder fühlen Sie sich als eine solche, sehen Sie doch gleich nächsten Samstag auf dem Flohmarkt ihrer Stadt nach, ob die bedauernswerten Geschöpfe vielleicht dort irgendwo aufgereiht angeboten werden. Wenn ja, nehmen Sie am Besten alle sieben mit und erlösen Sie sie. Sie sollten allerdings ohne feste Bindung sein. Die Armen brauchen nach ihrer langen Erstarrung und der damit verbundenen Enthaltsamkeit viel Zuwendung, werden zumindest in den ersten Tagen und vor allem Nächten unersättlich und später unersetzlich sein.

Finanziell können Sie nichts erwarten, aber Sie sind ja, wenn auch ein Märchenweib, nicht Schneewittchen. Und das echte war ja auch ein richtig liebes Mädchen.

Heide Werner

An die Mutigen

Wunden, die dir keiner schlägt
gibt es nicht, das mach dir klar,
auch die Hoffnung, die man hegt
wird noch längst nicht immer wahr.

Berge, die du nicht besteigst,
werden weiter hoch aufragen,
jeder Mut, den du nicht zeigst,
lässt dich mehr und mehr verzagen.

Eine Kraft, die in dir wohnt,
will dich fordern, sich entfalten,
wer sich wegduckt, immer schont,
der wird keine Welt gestalten.

Doch die Höhen, die wir zwingen,
die Gewissheit, die uns treibt,
lässt Unmögliches gelingen,
schaffen, was für immer bleibt.

Heide Werner

Freier Wille

Freier Wille ist der Köder
den das Leben ausgelegt
freier Wille ist die Hoffnung
die uns aufrecht hält und trägt

freier Wille ist die Fackel
die man hütet und bewacht
freier Wille ist die Flamme
die uns kühn und tapfer macht

doch wo sich die Dinge stoßen
ist kein Raum je groß genug
und die Mär vom freien Willen
nur ein schöner Selbstbetrug

Heide Werner

HISTORY

H istorisches Museum
h ütet getreu
H interlassenschaften von
h undert Jahren.
H eimeliges und
H eftiges
H eilloses und
H errliches
h aben
h ier Platz.

H äusliches Leben:
H enkelkanne auf
H erd, Kaffemühle
h andbetrieben,
H andtuchhalter mit Vorhang,
H olzwiege neben
H immelbett. Für den
H ofherrn die
H arke
H eugabel und
H acke
H andsäge
H obel
H andwerkerstolz.

H erden von
H ütern des
H ausgemachten,
H altbaren schlendern
h erum.
H eiseres Flüstern
h ört man von

h inten, da
h ängen Gewehre,
h ässlicher Kram:
H ellebarden
H andfeuerwaffen
H aftminen
H andgranaten ein
H olzbein
h ält die Erinnerung wach.
H eftiges atmen, an-
h altendes Schweigen
H asten zum Ausgang, wir
h olen tief Luft.
H albfertige Bilder
h aften im
H irn: ein
H ufeisen am
H oftor,
H und vor der
H ütte
h ackende
H ühner, an der
H auswand die Alten, sie
h alten
h artnäckig
H ergebrachtes
h och. Keine
H andys, keine
H ardware, kein
H etzen auf
H ighways, keine
h ochgeschraubten
H offnungen, keine
h albgelebte Zeit.
H immelweit ist der Weg.

Heide Werner

Möglichkeiten

Möglich dass man Poker spielt
ohne zu verlieren
möglich dass uns einer hilft
ohne sich zu zieren.

Möglich dass es Menschen gibt
die uns böse nennen
oder dass man Freunde hat
ohne sie zu kennen.

Möglich dass es Wunder gibt
auf die wir noch warten
leider hat der Himmel meist
die viel bess'ren Karten.

Möglich dass ein Augenblick
mehr taugt als Äonen
die man ohne Sinn verbringt
und die sich nicht lohnen.

Möglich dass erst ganz zuletzt
wenn wir schon erblinden
sich die Wahrheit offenbart
wir sie endlich finden.

Heide Werner

Perspektiven

Vielliebes Kind
schon morgen groß
die Bäume werden nicht
in den Himmel wachsen
die Schlösser deiner Kindheit
nur noch Puppenhäuser sein

Heide Werner

Schöne Maid

Wir könnten
wir zwei
in die Heide
vielleicht
tandaradei!

Sie schüttelt sich
lacht
streckt die Zunge heraus
die Arme schlenkern
das Lied ist aus
Tandaradei.

Biographisches

Konrad Barner
geboren 1930, Kindheit und Jugend in
Brebach bei Saarbrücken,
evangelischer Gemeindepfarrer, 1976
bis 2002 im Autorenkreis für
Andachten im Saarländischen
Rundfunk.
Veröffentlichungen
Theologische Texte im Gütersloher
Verlaghaus
„In dieser bitterbösen Zeit" Lyrik und
Prosa; ECHO VERLAG
ZWEIBRÜCKEN, 2013
2. Preis beim Poetry Slam 2004

Barbara Franke
geboren 1944 in Zweibrücken,
Lehrerin, Diplompädagogin, Autorin
(Lyrik, Kurzprosa, Schultheater)
vier eigene Buchpublikationen, Texte
in literarischen Fachzeitschriften,
Anthologien, Almanachen
Mitglied im VS, Gründungsmitglied
der Autorengruppe Zweibrücken
3. Preis beim Mannheimer
Kurzgeschichten-wettbewerb 2002
4.Preis beim Literaturwettbewerb der
Kreisvolkshochschule Südwestpfalz
2007, 2. Preis 2011,5. Preis Lotto-
Kunstpreis 2015,mehrere Preise bei
Mundartwettbewerben in Wallhalben,
Bockenheim und Dannstadt

Annette Kimmelgeboren 1962 in
Landau in der Pfalz, aufgewachsen in

Kaiserslautern, wohnt seit über 20 Jahren am Rande eines kleinen Dorfes in der Pfalz. Sie ist verheiratet und Mutter von vier Kindern.
Erste Veröffentlichung: „Wolkenziehen"

Karin Klee
geboren an Weihnachten 1961 in Losheim, ist gelernte Zeitungsredakteurin. Sie lebt und arbeitet als freie Autorin im Norden des Saarlandes, veröffentlicht in Literatur-zeitschriften („Paraple") und Anthologien, schreibt Lyrik, Prosa, Szenen und Tageszeitungs-Kolumnen. Sprecherin der Bosener Gruppe.
Veröffentlichungen:
„Am Holländerkopf" (Novelle)
„Frauenzimmer" (Gedichte)

Runa Neuer
geboren 1983 in Zweibrücken, stieß sie bereits vor dem Abitur zum ersten Mal zur Autorengruppe. Nach einer langen Pause ist sie seit Februar wieder festes Mitglied.
Unter dem Namen Jasper John veröffentlichte sie 2015 das Buch „Wenn der Weltenschleier fällt", aus dem sie an Halloween im Timeless las. Ebenfalls unter diesem Namen ist sie in der Anthologie „Schattenfeuer" mit dem Text „Die Geburt eines neuen Zeitalters" vertreten.Beide Bücher sind in der Buchhandlung Bäuerle und Voigt, Zweibrücken, erhältlich.

Gundela Nitschke
geboren 1944 in Warburg/Westfalen.
Studium der Germanistik und
Geschichte in Marburg/Lahn, Malerin,
Autorin (Lyrik, Kurzprosa)
Veröffentlichungen in Anthologien
und Literaturzeitschriften.

Gerhard Rinsche
geboren 1952 in Zweibrücken, Autor
von Lyrik und Kurzprosa
Veröffentlichungen in Anthologien,
Literaturzeitschriften sowie beim
Saarländischen Rundfunk
2007 erschien „Spätestens morgen",
eine Sammlung von Lyrik und Prosa
im Geistkirch-Verlag
Preisträger bei Poetry Slams in
Pirmasens und Zweibrücken

Heide Werner
geboren 1941 in Saarbrücken,
Lehrerin bis 1966, seit 1983
literarische Übersetzerin (Franz.) und
Autorin (zwei Romane bei Salzer,
Heilbronn).
Veröffentlichungen in Zeitschriften
und Anthologien.